Window-Color

Bilder aus der Bibel

Weltbild

INHALT

Vorlage 24: Sodom und Gomorra

ALTES TESTAMENT

NEUES TESTAMENT

Vorlage 25: Kain und Abel

Ein Wort zuvor

In Zeiten, in denen der hektische Alltag das Leben mit vielen Sorgen bedeckt, wird die regelmäßige Beschäftigung mit der Bibel auch von gläubigen Menschen oft vernachlässigt. Bestenfalls im sonntäglichen Gottesdienst spielt sie noch eine herausgehobene Rolle. Dabei kann die Bibel auch im Alltag eine Quelle der Kraft sein.

Die Bibel ist aber auch eine Fundgrube spannender Geschichten, die auf viele verschiedene Arten erzählt und verstanden werden können. Ebenso wie viele Erwachsene lassen sich gerade Kinder von den Geschichten des Alten wie des Neuen Testaments immer wieder aufs neue fesseln, auch wenn sie vielleicht noch nicht alles verstehen, was da in vielen Jahrhunderten an Geschichten über Gott und die Welt zusammengetragen worden ist.

Es ist kein Zufall, dass in alten Kirchen die bunten Glasfenster ebenfalls Geschichten aus der Bibel erzählen. Die Fenster, die uns heute an einem sonnigen Tag mit ihren glühenden Farben und ihrer klaren Sprache begeistern, wurden in früheren Zeiten die »Bibel der Armen« genannt: Sie erzählten die frohe Botschaft für diejenigen, die (noch) nicht lesen konnten, und machten sie damit für alle sichtbar.

Ein Stück von der wunderbaren Atmosphäre der bunten Kirchenfenster möchten wir Ihnen mit diesem Buch näher bringen. 30 bekannte Geschichten aus dem Alten und Neuen Testament werden hier im Window-Color-Bild vorgestellt und nacherzählt. Sie sollen eine Anregung sein, sich der Bibel auf einem neuen, kreativen Weg zu nähern.

Aber auch für einen gemeinsamen Abend im Kreis der Familie sind die biblischen Motive gut geeignet. Dabei können Eltern ihren Kindern die Geschichten über das Wirken Gottes und das Leben Jesu nacherzählen, während man gemeinsam ein Window-Color-Bild ausmalt. So werden Kinder an das Thema spielerisch herangeführt und können ihre eigenen Gedanken und Fragen mit einbringen.

Der Vorlagebogen, auf dem Sie alle in diesem Buch abgebildeten Motive finden, soll Ihnen als erste Hilfe dienen. Mit den Umrisszeichnungen können Sie sofort anfangen, erste Bilder auszumalen. Aber sicher werden Sie bald Lust haben, eigene Motive zu entwerfen. So kann die Beschäftigung mit Window-Color-Bildern ganz neue Zugangswege zur biblischen Botschaft eröffnen – für Kinder und Erwachsene.

Die Window-Color-Technik

Das Malen mit Window-Color ist sehr einfach und macht Spaß. Es ist ein sauberes Arbeiten, weil die Farben direkt aus den Flaschen auf die Malfläche aufgetragen werden. Das Ergebnis ist ein fantastischer Schmuck für Fenster, Spiegel und andere glatte Flächen. Schon ganz einfache Motive sind ausgesprochen dekorativ, und eine Steigerung des Schwierigkeitsgrades bis hin zu sehr aufwändigen Fensterbildern ist ohne weiteres möglich. So steht dieses Hobby allen Altersgruppen offen.

Das Handwerkszeug

Die Farben erhalten Sie in jedem Bastelgeschäft oder in den entsprechenden Abteilungen einiger Baumärkte. Folien, auf denen Sie Ihre Bilder zunächst malen, gibt es ebenfalls im Bastelladen, oder Sie nehmen einfach Klarsichthüllen aus dem Bürobedarf. Diese haben den Vorteil, dass die Vorlage gut fixiert ist und während des Malens nicht verrutschen kann. Sollte doch einmal etwas daneben gehen, können Sie die Stelle nach dem Trocknen mit einem Cutter herausschneiden und mit Farbe ausbessern. Kleine Luftbläschen, die oft während des Malens entstehen, können Sie mit einem Zahnstocher aufstechen. Ein alter Lappen, mit dem Sie die Malspitze nach Gebrauch reinigen, vervollständigt die Ausrüstung.

Konturenfarbe ergibt schwarze Flächen und harte Kontraste auch innerhalb des Bildes.

Die Konturen

Die wichtigste Farbe ist die Konturenfarbe, denn durch ihre festere Konsistenz hält sie das Bild später zusammen. Es gibt inzwischen auch Konturenfarben mit Effekten wie Blei, Gold oder Glitter. Führen Sie die Malspitze mit ruhiger Hand und gleichmäßig über die Folie, damit die Kontur überall gleich dick wird. Es ist wichtig, dass Sie darauf achten, die Konturen immer zu schließen, da sonst das Bild reißt, wenn Sie es von der Folie abziehen. Die Konturenfarbe muss völlig getrocknet sein, bevor Sie mit dem Ausmalen beginnen.

Die Farben für die Flächen

Wenn die Kontur getrocknet ist (ca. 4 bis 8 Stunden, je nach Hersteller), beginnen Sie, die Flächen zu gestalten. Hier müssen Sie darauf achten, dass die Farben direkt an die Kontur anschließen, sodass das Bild später eine geschlossene Farbfläche aufweist. Bläschen, die dabei entstehen, stechen Sie mit einem Zahnstocher auf. Probieren Sie vorher alle Farben aus. Während des Trocknens verändern sich einige Farben relativ stark, und was beim Malen noch schön kräftig aussieht, kann zu einem enttäuschend blassen Ergebnis schrumpfen. Um gezielt arbeiten zu können, sollten Sie auf einer Extrafolie jede einzelne Farbe aufmalen und beschriften. Auf diese Weise haben Sie immer die volle Übersicht über ihr Farbspektrum. Sie können alle Farben, auch die von verschiedenen Herstellern, untereinander vermischen, indem Sie die Farben nebeneinander direkt auf den Malgrund anbringen und mit einem Zahnstocher schnell verrühren.

Farbverläufe entstehen, wenn Sie Farben gleich beim Malen mit einem Zahnstocher vermischen.

Das Bild trocknen und anbringen

Die Farben müssen völlig trocken sein, bevor Sie das Bild weiter verarbeiten können. Das Trocknen dauert in der Regel, je nach Dicke des Auftrags, bis zu acht Stunden. Danach können Sie das Bild von der Folie abziehen und an der gewünschten Stelle anbringen. Bei komplizierten Motiven lösen Sie kleine Stellen rundherum vorsichtig ab und ziehen dann das Bild von oben nach unten vorsichtig von der Folie. Achten Sie darauf, dass sich die Farbflächen nicht berühren, da sie sonst unlösbar zusammenkleben. Nun bringen Sie das Bild am Fenster an und drücken es vorsichtig mit den Fingerspitzen fest. Natürlich können Sie Window-Color-Bilder auch auf anderen glatten Flächen anbringen, die Sie vorher mit einem Glasreiniger von Schmutz und Fett befreien.

Effekte

Aufsehen erregende Effekte erzielen Sie mit kleinen Glanzsternchen, Perlen, geschliffenen Glasstücken (Vorsicht: Verletzungsgefahr!), Silber- oder Goldfolie oder Glimmer, die Sie über die noch feuchte Farbfläche streuen oder gezielt anbringen, sodass sie von der feuchten Farbe gehalten werden. Achten Sie darauf, dass die Teile nicht vollständig in der Farbe versinken. Sie sollten aber ganz eingebettet sein, damit sie später nicht herausfallen.

Vorlage 26: Mose im Binsenkörbchen

Die Schöpfung

Genesis 1–2,4a

Im Anfang schuf Gott den Himmel und die Erde. Die Erde war wüst und leer. Aber der Geist Gottes schwebte über dem Wasser. Gott sprach: Es werde Licht! Und es wurde hell. Gott sah das Licht – es war gut. Und er sagte zum Licht: Du bist der Tag. Zur Dunkelheit sagte er: Du bist die Nacht. – Ein Tag. Gott sprach: Ein Gewölbe soll entstehen und die oberen Wasser von den unteren trennen. Und so geschah es. Gott sagte zum Gewölbe: Du bist der Himmel. – Der zweite Tag.

Gott sprach: Das Wasser unter dem Himmel soll sich sammeln, damit das Festland auftaucht. Und so geschah es. Gott sagte zum Festland: Du bist die Erde. Und zum Wasser: Du bist das Meer. Gott sah die Erde und das Meer – sie waren gut. Gott sprach: Die Erde lasse Pflanzen sprießen: Bäume und Sträucher, Korn, Reis und Trauben. Und so geschah es. Gott sah die Pflanzen – sie waren gut. – Der dritte Tag.

Gott sprach: Am Himmel sollen Lichter aufstrahlen: die Sonne am Tag, der Mond und die Sterne in der Nacht. Sie sollen die Zeiten anzeigen: Tag und Nacht, Woche und Monat, Frühjahr, Sommer, Herbst und Winter.

Gott sah die Gestirne – sie waren gut. – Der vierte Tag.

Gott sprach: Im Wasser soll es von Fischen wimmeln, Vögel sollen über die Erde fliegen. Gott sah sie – sie waren gut. Gott segnete sie, sprach: Seid fruchtbar und mehrt euch. Schwimmt im Wasser und fliegt durch die Luft. – Der fünfte Tag.

Gott sprach: Auf der Erde sollen aller Art Tiere leben! Große und kleine, zahme und wilde – jedes nach seiner Art. Und so geschah es. Gott sah die Landtiere – sie waren gut.

Gott schuf den Menschen: Mann und Frau. Er segnete sie und sagte: Liebt einander, und liebt eure Kinder. Ich vertraue euch die Erde an. Ihr seid mehr als die Fische, die Vögel, die Tiere und Pflanzen. Darum könnt Ihr für sie sorgen. Gott sah alles, was er gemacht hatte – alles war sehr gut. – Der sechste Tag.

In sechs Tagen hat Gott das Weltall erschaffen: den Himmel, die Erde, das Meer und alles Leben. Am siebten Tag ruhte Gott. Darum ist der siebte Tag für den Menschen ein gesegneter, ein heiliger Tag.

Adam und Eva

Genesis 2–3,7

Gott nahm Erde vom Acker und formte daraus Adam, den Menschen. Er blies ihm seinen Atem in die Nase. So schenkte er Adam das Leben.
Gott, der Herr, legte im Osten – dort, wo die Sonne aufgeht – einen Garten an. Schöner als alle Gärten der Welt: den Garten Eden, das Paradies.
Mitten im Garten pflanzte Gott, der Herr, zwei besondere Bäume. Der eine, er heißt: »Baum des Lebens«, trägt wundermächtige Früchte. Wer davon isst, muss nicht sterben. Er hat das Leben für immer – wie Gott. Auch der zweite Baum ist einmalig in seiner Art: Wer von seiner Frucht isst, dem gehen die Augen auf. Er erkennt, was gut ist und was böse. Was den Menschen glücklich und was ihn unglücklich macht. Dieser Baum heißt: »Baum der Erkenntnis von Gut und Böse.«
Gott, der Herr, ließ im Garten einen mächtigen Strom entspringen. Gott brachte Adam, den Menschen, in das Paradies und sagte zu ihm: Ich gebe dir meinen Garten, damit du in pflegst und hütest, dich freust an allem, was wächst und gedeiht. Von allen Früchten, die auf den Bäumen reifen, darfst du essen. Nur von den Früchten des Baumes der Erkenntnis von Gut und Böse darfst du nicht essen. Wenn du davon isst, lernst du den Tod kennen.

Die Menschen lebten im Paradies. Sie hatten genug zu essen. Sie lebten im Frieden mit den Tieren. Sie waren glücklich, Gott war ihr Freund. Alles war gut. Doch dann begegnete die Frau der Schlange, von der man sagt, sie sei listiger als alle anderen Tiere. Ist es wahr, fragte die listige Schlange, dass Gott euch verbot, von irgendeinem Baum im Garten die Früchte zu essen? Ganz und gar nicht!, antwortete die Frau. Von allen Bäumen im Garten dürfen wir essen. Einzig den Baum, der mitten im Garten steht, hat Gott sich vorbehalten. Von seinen Früchten dürfen wir nicht essen, sonst müssen wir sterben.
Aber nein, sagte die Schlange. Ihr werdet nicht sterben. Im Gegenteil. Die Augen werden euch aufgehen. Ihr werdet wissen, was gut und böse ist– genau wie Gott. Die Frau sah den Baum. Er war schön. Seine Früchte lockten. Da nahm sie und aß. Sie gab auch Adam davon zu essen. Da gingen den beiden die Augen auf. Doch sie merkten nur, dass sie nackt waren. Darum flochten sie sich einen Lendenschurz aus Feigenblättern.

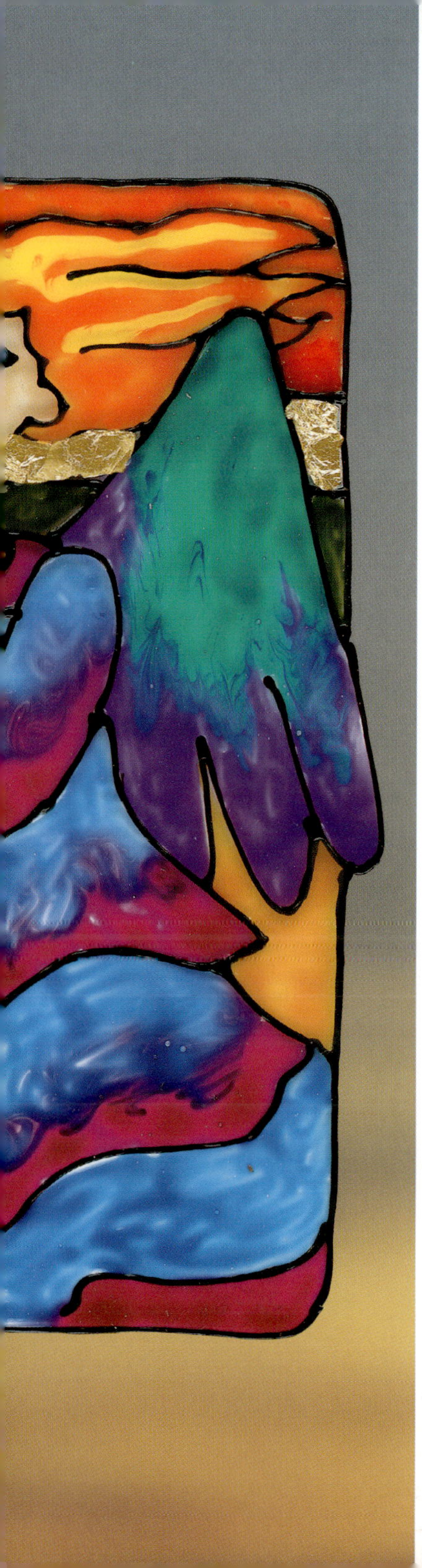

Die Vertreibung

Genesis 3,8–24

Mit dem kühlen Abendwind kam Gott in den Garten. Die Menschen hörten seinen Schritt. Sie versteckten sich. Doch Gott rief den Menschen: Adam, wo bist du?
Adam antwortete: Ich hörte deinen Schritt. Da bekam ich Angst. Ich versteckte mich, weil ich nackt bin. Gott fragte: Wer hat dir gesagt, dass du nackt bist? Hast du von den Früchten des Baumes gegessen, den ich dir verboten habe? Adam schob die Schuld auf die Frau: Sie hat mir zu essen gegeben. Und die Frau klagte die Schlange an: Sie hat mich verführt.
Gott sagte zur Schlange: Weil du das getan hast, bist du verflucht. Auf dem Bauch sollst du kriechen, und Staub sollst du fressen. … Zur Frau sagte Gott: Du wirst ein schweres Leben haben. … Zu Adam sagte Gott: Mein Gebot hast du übertreten. Darum kannst du nicht in meinem Garten bleiben. Du wirst merken, dass die Erde kein Paradies ist. Dornen und Disteln wachsen auf dem Acker. Du musst arbeiten und dich plagen alle Tage deines Lebens – bis du stirbst und zum Erdboden zurückkehrst, aus dem ich dich geformt habe.
Adam gab seiner Frau den Namen Eva, das heißt: Leben. Sie wurde die Mutter aller Lebendigen. Gott, der Herr, vertrieb die Menschen aus dem Paradies. Sein Wächter, der Engel mit dem Flammenschwert, bewachte den Eingang und den Weg zum Baum des Lebens.

Die Arche Noach

Genesis 6,1–9,17

Gott sah, dass die Menschen, die er nach seinem Bild erschaffen hatte, immer mehr Böses planten und taten. Die Erde war voll von Gewalttaten. Darum reute es Gott, dass er den Menschen gemacht hatte. Er sprach: Ich will die Menschen, die ich erschuf, vernichten. Die Menschen, die Tiere und alles, was auf der Erde lebt.
Einzig Noach war ein Freund Gottes geblieben. Darum wollte Gott ihn und seine Familie durch das Gericht hindurchretten. Gott sagte zu Noach: Mach dir eine Arche aus Holz, einen Kasten, der wie ein Schiff auf dem Wasser schwimmen kann. Denn ich will eine gewaltige Flut über die Erde schicken. Alles Lebendige wird darin umkommen. Nur du und diejenigen, die mit dir in der Arche sind, ihr werdet gerettet.
Als die Arche fertig war, sammelte Noach Vorräte. Dann zog er mit seiner Frau, seinen Söhnen und ihren Familien in die Arche. Von allen Tieren nahmen sie ein Paar mit. Gott selbst verschloss die Tür hinter ihnen.
Dann begann es zu regnen. Das Wasser stürzte vom Himmel und überschwemmte die Erde. Es stieg hoch und höher. Zuerst ertranken die Tiere, dann auch die Menschen. Die Vögel fanden keinen Baum mehr, auf dem sie sitzen konnten. So starb alles Lebendige. Einzig Noach und die, die mit ihm in der Arche waren, überlebten die Flut.
Endlich, nach vierzig Tagen, hörte der Regen auf. Zuerst ließ Noach einen Raben fliegen. Der kehrte bald zu ihm zurück. Dann, eine Woche später, ließ er eine Taube frei. Auch sie kam zurück. Erst eine zweite Taube, die Noach eine Woche später fliegen ließ, brachte einen Olivenzweig in ihrem Schnabel zur Arche. Bald danach sagte Gott zu Noach: Nun kannst du herauskommen. Du und alle, die mit dir gerettet wurden. Da kamen sie aus der Arche. Die Menschen und die Tiere. Für alle begann ein neues Leben auf einer neuen Erde. Noach dankte Gott und brachte ihm ein Opfer.
Gott segnete Noach und seine Söhne. Er sprach: Ich will meinen Bund mit euch schließen: für die Menschen und all die Tiere. Seht den Regenbogen: Er ist das Zeichen des Bundes, den ich heute mit euch schließe. Für alle Zeit – für die Menschen und alles, was mit ihnen auf der Erde lebt. Nie wieder soll eine Flut über die Erde kommen und das Leben vernichten.

Josef und seine Brüder

Genesis 41–47

Jakob liebte seinen Sohn Josef mehr als seine anderen Söhne. Da wurden Josefs Brüder neidisch. Sie verkauften ihn für zwanzig Silberstücke an fremde Händler. Jakob trauerte um seinen liebsten Sohn. Er wurde nicht mehr froh. Josef kam mit den fremden Händlern nach Ägypten. …
Der Pharao vertraute Josef. Er setzte ihn zum Verwalter ein. Josef ließ Lagerhäuser bauen und legte Vorräte an. Und als nach sieben Jahren reicher Ernten kein Regen fiel, das Vieh verdurstete und die Ernte verdorrte, öffnete Josef die Lagerhäuser. Von weit her kamen die Hungernden, um von Josef Korn zu kaufen.
Auch Jakob und seine Söhne hatten nichts mehr zu essen. Jakob schickte seine Söhne nach Ägypten, um Korn zu kaufen. … Josef sah seine Brüder. Er erkannte sie gleich. Sie aber erkannten Josef nicht. Sie beugten sich tief vor ihm. Als die Brüder mit dem Korn zu Jakob zurückkamen, fanden sie das Geld, das sie für das Korn bezahlt hatten, in ihren Säcken. Da erschraken sie sehr.
Die Hungerzeit dauerte. Jakob musste seine Söhne noch einmal nach Ägypten schicken. Diesmal war auch Benjamin bei ihnen. Josef stellte seine Brüder auf die Probe. Er wollte wissen, ob sie gelernt hatten, wie Brüder füreinander einzustehen. Er befahl dem Diener: Steck meinen silbernen Becher in Benjamins Sack.
Die Brüder machten sich auf den Rückweg. Josef aber schickte seinen Verwalter hinter ihnen her. Der hielt die Brüder an und fragte: Warum habt ihr Gutes mit Bösem vergolten? Warum habt ihr den silbernen Becher meines Herrn gestohlen? Die Brüder verteidigten sich: Wir haben nichts gestohlen. Doch als Benjamins Sack durchsucht wurde, fand sich der Becher.
Die Brüder kehrten allesamt zu Josef zurück. Josef sagte: Ihr anderen könnt gehen. Nur der eine, bei dem man den Becher fand, der soll bleiben. Juda antwortete ihm: Unser Vater liebt seinen jüngsten Sohn. Es würde ihn zu Tode grämen, wenn ihm ein Leid geschähe. Lass mich an seiner Stelle bleiben.
Da konnte Josef sich nicht länger zurückhalten. Ich bin Josef, euer Bruder, sagte er. Ihr habt mich verkauft; ihr habt Böses gewollt. Gott aber hat es zum Guten gewandt.

Mose und der brennende Dornbusch

Exodus 1–4

Als Mose größer war, lebte er im königlichen Palast. Er wurde erzogen, als wäre er ein Ägypter. Doch er blieb ein Israelit. Er vergaß nie, dass er zu denen gehörte, die als Sklaven geschunden wurden.
Einmal sah er, wie ein Ägypter einen Israeliten schlug. Da packte Mose der Zorn. Er schlug den Ägypter tot.
Danach konnte Mose seines Lebens nicht mehr sicher sein. Er musste fliehen. Mose kam in das Land Midian und wurde Hirt im Haus des Priesters Jitro.
Mose zog mit der Herde durch die Wüste. Er kam zum Sinai, dem Berg Gottes. Dort sah er einen Dornbusch. Der brannte und verbrannte doch nicht. Neugierig trat Mose näher. Da hörte er die Stimme: Mose, Mose! Ich bin der Gott deines Vaters. Der Gott Abrahams, der Gott Isaaks und der Gott Jakobs. Da bedeckte Mose sein Gesicht. Er fürchtete sich, Gott anzuschauen.
Gott aber sprach: Ich habe gesehen, wie mein Volk in Ägypten misshandelt wird. Ich habe ihr Schreien gehört. Ich weiß, was sie leiden. Darum schicke ich dich zum Pharao. Du sollst mein Volk aus Ägypten herausführen.
Mose antwortete: Wer bin ich schon, dass ich zum Pharao gehen und etwas von ihm fordern könnte? Gott antwortete: Ich werde mit dir sein.
Mose hatte noch einen Einwand: Die Israeliten werden mir nicht glauben, wenn ich ihnen sage, der Gott der Väter schickt mich zu euch. Sie werden fordern: Sag uns seinen Namen! Was soll ich ihnen dann antworten? Gott sagte: Ich bin Jahwe, der Ich-bin-da. Das ist mein Name für alle Zeit.
Noch immer wollte Mose sich weigern. Er sagte: Ich bin nicht geübt im Reden, meine Zunge ist schwer. Gott antwortete: Ich werde da sein und dir sagen, was du reden sollst.
Mose weigerte sich: Schick doch einen anderen! Da wurde Gott zornig. Er sprach: Aaron, dein Bruder, soll für dich reden.
Mose zog mit seiner Familie zurück nach Ägypten. Sein Bruder Aaron kam ihm entgegen. Sie versammelten die Familienväter der Israeliten, und Mose berichtete ihnen, was Gott ihm aufgetragen hatte. Die Israeliten hörten, dass Gott ihre Not wenden wollte. Sie verbeugten sich tief vor ihm und verehrten ihn.

Gott führt sein Volk aus Ägypten

Exodus13,17–14,31

Mose ging zum Pharao und verlangte, dass er den Israeliten die Freiheit schenken sollte. Doch der Pharao dachte nicht daran. Da sandte Gott durch Mose viele Plagen über Ägypten: Unwetter und Missernten, Viehpest und verseuchtes Wasser. Ungeziefer fiel über Ägypten her. Doch erst nachdem Gott den Ägyptern die erstgeborenen Söhne nahm und auch der Sohn des Pharaos starb, da gab der Pharao nach. …
Doch schon bald reute es den Pharao, dass er die Israeliten freigelassen hatte. Er alarmierte seine Soldaten und die Führer der Kampfwagen. Mit ihnen jagte er hinter ihnen her. Er wollte sie fangen und zurückbringen.
Die Flüchtlinge lagerten am Schilfmeer. Einer ihrer Wächter sah die Staubwolke in der Ferne: Die Ägypter kommen! …
Gott sprach zu Mose: Streck deine Hand über das Meer. Und Mose streckte die Hand aus. Da kam ein Ostwind auf. Der trieb die Wasser zur Seite. Das Volk Israel zog durch das Meer hindurch: Männer und Frauen, Töchter und Söhne, Rinder und Schafe – ein langer Zug.
Die Ägypter kamen ans Ufer. Sie verloren keine Zeit. Sie stürmten hinterher. Doch der Weg, den Israel im Vertrauen auf Gott gehen konnte, wurde für die Ägypter ein Weg in den Tod: Die Wasser strömten zurück; Rosse und Kampfwagen, das ganze Heer des Pharao, versank in den Fluten.
Die Israeliten erlebten, wie Gott rettet. Jetzt vertrauten sie ihm, und sie vertrauten Mose.

Die zehn Gebote

Exodus 19–20

Das Volk Israel zog durch die Wüste: von einem Rastplatz zum anderen. Im dritten Monat lagerten sie am Berg Sinai. Mose stieg zu Gott auf den Berg. Gott rief Mose zu sich und sprach: Ich bin Jahwe, dein Gott, der dich aus Ägypten geführt hat. Wenn ihr auf mein Wort hört und meinen Bund haltet, dann werdet ihr mein Volk sein: Und dann gab Gott ihm die zehn Gebote. Sie gelten für alle Zeiten und für alle Menschen:

Du sollst keine anderen Götter neben mir haben.
Du sollst dir kein Gottesbild machen und keinen Göttern dienen außer mir.
Du sollst den Namen deines Gottes nicht missbrauchen.
Gedenke des siebten Tages, und halte ihn heilig!
Du sollst Vater und Mutter ehren.
Du sollst nicht morden.
Du sollst nicht die Ehe brechen.
Du sollst nicht stehlen.
Du sollst nicht falsch gegen deinen Nächsten aussagen.
Du sollst nicht verlangen nach deines Nächsten Hab und Gut.

Mose schrieb die Gebote, die Gott ihm genannt hatte, auf zwei Steintafeln. Diese beiden Tafeln legte in die heilige Lade. Sie sind das Zeichen für den Bund, den Gott mit seinem Volk Israel geschlossen hat.

David und Goliat

Samuel 17,1–58

David aus Betlehem wurde der zweite, der größte König Israels. Er vertraute Gott, und Gott war mit ihm. Darum kann Gottes Volk den Namen Davids nicht vergessen. In Israel erzählt man viele Geschichten über David.
David war der jüngste Sohn des Isai aus Betlehem. Er war ein guter Hirt. Er kannte und liebte seine Schafe. Er lief nicht davon, wenn ein Löwe oder Bär heranschlich, um ein Schaf zu rauben. David war mutig. Er hatte keine Angst vor den Feinden Gottes und seines Volkes. Man erzählt, er sei als Junge zu seinen Brüdern in das Feldlager gekommen. Dort habe er erlebt, wie ein mächtig starker Mann, der Riese Goliat, die Israeliten und ihren Gott verspottete. Kein Israelit wollte den Kampf mit Goliat wagen.
David ärgerte sich über Goliat und sagte zu ihm: Du wirst erfahren, wie stark der Gott Israels ist. Er legte einen Stein in seine Schleuder, wirbelte sie über den Kopf, schoss und traf den großen Goliat mitten auf die Stirn. Da bekamen die Feinde Angst. Sie wollten nicht mehr gegen Israel kämpfen. Sie liefen davon.

David konnte Lieder singen und die Harfe spielen. Im Buch der Psalmen, dem Gesangbuch des Volkes Gottes, stehen hundertfünfzig Lieder, wie David sie sang.
Eine Zeit lang lebte David bei König Saul. Wenn Saul traurig wurde, spielte David auf der Harfe. Dann wurde Saul wieder froh. Weil Gott mit David war, konnte er die Feinde besiegen.

Jona und der Wal

Jona

Gott sprach zu seinem Propheten Jona: Mach dich auf den Weg. Geh nach Ninive, in die Hauptstadt der Assyrer, und sag allen, die dort wohnen, dass mein Strafgericht über sie hereinbrechen wird.
Jona aber wollte nicht nach Ninive gehen. Er floh auf ein Schiff, das weit fortfahren sollte. Er zahlte den Fahrpreis und ging an Bord. Er wollte fort, weit weg von Gott.
Der Herr aber schickte einen Sturm auf das Meer. Er schüttelte das Schiff hin und her. Alle bekamen Angst. Jeder betete zu seinem Gott. Jona schlief unten im Schiff, bis der Kapitän ihn weckte: Wie kannst du schlafen? Steh auf! Bitte deinen Gott; vielleicht rettet er uns.
Die Matrosen sagten zueinander: Wir wollen das Los werfen und so herausbekommen, wer an diesem Unglück schuld ist. Das Los fiel auf Jona. Als Jona zugab, dass er auf der Flucht vor Gott war, fragten sie ihn: Was sollen wir mit dir tun, damit wir nicht alle untergehen?
Jona sagte: Werft mich ins Meer, dann seid ihr gerettet. Meinetwegen ist dieser Sturm über euch gekommen. Die Matrosen ruderten mit aller Kraft, doch der Sturm war stärker.
Da beteten sie: Herr, lass uns nicht untergehen wegen dieses Mannes. Rechne uns das, was wir jetzt tun, nicht als Vergehen an einem Unschuldigen an. Dann nahmen sie Jona und warfen ihn ins Meer. Sogleich wurde das Meer ruhig. Alle bekamen Angst. Sie fürchteten Gott.
Der Herr aber schickte einen großen Fisch. Der verschlang den Jona. Drei Tage und drei Nächte war Jona im Bauch des Fisches. Dort betete er zum Herrn, seinem Gott. Und der Fisch spie ihn an Land.
Noch einmal sagte Gott zu Jona: Geh nach Ninive in die große Stadt. Verkünde dort alles, was ich dir sagen werde. Jona ging nach Ninive. Er rief: Noch vierzig Tage, und Ninive wird zerstört werden.
Die Leute in Ninive hörten auf Jona. Sie glaubten Gott. Sie begannen ein großes Fasten und zogen Bußkleider an. Alle, die Großen und die Kleinen, die Reichen und die Armen, das ganze Volk.
Gott sah, dass die Leute in Ninive ihr Leben änderten. Er nahm das Urteil zurück.

Die Verheißung der Geburt Jesu

Lukas 1, 26–38; Matthäus 1, 18–23

Gott schickte den Engel Gabriel als seinen Boten nach Nazaret zu Maria. Maria war eine junge Frau. Ihr Verlobter, der Zimmermann Josef, stammte aus König Davids Familie.
Gabriel kam zu Maria und sagte: Freu dich, Maria! Gott hat dich erwählt. Maria erschrak und überlegte, was diese Worte wohl bedeuten mochten. Doch Gabriel sagte: Fürchte dich nicht, Maria. Gott hat dich lieb. Du wirst Mutter werden; einen Sohn wirst du gebären: Du sollst ihm den Namen Jesus geben. Er wird groß sein; man wird ihn den Sohn des Höchsten nennen. Er wird König sein – wie David.
Maria fragte: Wie ist das möglich? Gabriel antwortete: Gottes Heiliger Geist wird über dich kommen, die Kraft des Allerhöchsten. Für Gott ist nichts unmöglich. Da sagte Maria: Ich bin die Magd des Herrn. Was Gott will, soll mir geschehen.

Josef war ein gerechter und frommer Mann. Er merkte, dass seine Verlobte Maria ein Kind erwartete. Weil er sie lieb hatte und ihr nicht Unrecht tun wollte, überlegte er, ob er sich ohne Aufsehen von ihr trennen sollte.
Doch in der Nacht sah er einen Boten Gottes, einen Engel. Der sagte zu ihm: Josef, Sohn Davids, fürchte dich nicht. Nimm Maria zu dir. Das Kind, das sie erwartet, kommt von Gottes Geist. Sie wird einen Sohn gebären, und du sollst ihm den Namen Jesus geben.
Er wird das Volk mit Gott versöhnen.
So erfüllte sich das Zeichen, das der Prophet Jesaja angekündigt hatte: Siehe, die Jungfrau wird Mutter. Sie wird einen Sohn gebären; dem wird man den Namen Immanuel geben. Das bedeutet: Gott ist mit uns.

Die Geburt Jesu

Lukas 2,1–29

In jener Zeit herrschte Kaiser Augustus in Rom. Er befahl: Alle Menschen, die in meinem Reich leben, sollen sich in Listen eintragen lassen. Jeder an dem Ort, aus dem seine Familie stammt.
Darum machte sich Josef auf den Weg. Er zog mit Maria von Nazaret in Galiläa nach Betlehem, in der Provinz Judäa. Betlehem ist ja die Heimatstadt der Familie des großen Königs David.
Dort gebar Maria ihren Sohn, den Erstgeborenen.
Sie wickelte ihn in Windeln und legte ihn in eine Futterkrippe. In der Herberge hatten sie keinen Platz gefunden.

Nahe bei Betlehem wachten Hirten bei ihren Herden. Zu ihnen kam Gottes Bote; sein Lichtglanz umstrahlte sie.
Die Hirten fürchteten sich sehr. Doch der Engel sagte: Fürchtet euch nicht, was ich euch sage, wird euch froh machen. Euch und das ganze Volk. Heute wurde in der Stadt Davids der Retter geboren. Er ist der Messias, der Herr. Ihr werdet ihn erkennen: Ein Kind, in Windeln gewickelt, das in einer Futterkrippe liegt.
Plötzlich waren viele Engel auf dem Feld. Sie lobten Gott und riefen: Im Himmel singt man Jubellieder, und auf der Erde haben die Menschen Frieden, weil Gott sie liebt. Dann waren die Hirten wieder allein. Sie sagten zueinander: Kommt, wir wollen nach Betlehem gehen und sehen, was dort geschehen ist.
Sie eilten nach Betlehem und fanden Maria, Josef und das Kind in der Krippe. Sie sahen und erzählten, was Gott ihnen über dieses Kind gesagt hatte. Alle, die es hörten, staunten.
Maria aber bewahrte das, was geschah, in ihrem Herzen und dachte darüber nach.
Die Hirten kehrten zu ihren Herden zurück. Sie sangen Loblieder und dankten Gott für alles, was sie gehört und gesehen hatten.
Als das Kind acht Tage alt war, gab man ihm den Namen, den Gabriel gesagt hatte: Jesus – das heißt: Gott rettet.

Die Heiligen Drei Könige

Matthäus 2,1–12

Zu der Zeit, als Jesus auf die Welt kam, regierte Herodes als König in Jerusalem. Damals kamen sternkundige Männer aus dem Osten nach Jerusalem. Sie fragten: Wo ist der neugeborene König der Juden? Wir haben beobachtet, wie sein Stern aufging. Nun sind wir gekommen, um ihm zu huldigen.
Als König Herodes das hörte, erschrak er. Mit ihm erschraken alle, die in Jerusalem lebten. Herodes ließ die Priester rufen und die Gelehrten, die sich in der heiligen Schrift auskennen. Er fragte: Wo soll der Messias, der Retter, geboren werden? Sie antworteten ihm: Er wird in Betlehem geboren. So sagt es der Prophet Micha. …
Herodes schickte die sternkundigen Männer nach Betlehem: Geht, sucht das Kind!, sagte er. Wenn ihr es gefunden habt, sagt mir Bescheid, damit auch ich hingehen und ihm huldigen kann. Als die Weisen sich auf den Weg machten zog der Stern, den sie im Osten gesehen hatten, vor ihnen her. Über dem Haus, in dem Jesus war, blieb er stehen. Da freuten sie sich; ja, sie freuten sich sehr. Sie gingen in das Haus, fanden Maria und das Kind. Sie neigten sich tief und huldigten ihm. Dann brachten sie ihm ihre Gaben: Gold, Weihrauch und Myrrhe. In der Nacht aber befahl ihnen Gott, sie sollten nicht zu Herodes zurückkehren. Darum zogen sie auf einem anderen Weg zurück in ihr Land.

Die Taufe Jesu

Lukas 3,2–23

Johannes, der Sohn des Priesters Zacharias und seiner Frau Elisabeth, lebte in der Wüste. Als Gott ihn zu seinem Boten machte, ging er in die Gegend am Jordan. Dort sagte er zu den Leuten: Kehrt um! Ändert euer Leben! Lasst euch taufen, damit Gott euch eure Schuld vergibt.

So steht es im Buch des Propheten Jesaja:
Eine Stimme ruft in der Wüste:
Bahnt für den Herrn einen Weg,
Macht seine Straße eben.
Jede Schlucht soll aufgefüllt,
jeder Berg und Hügel niedrig gemacht werden.
Was krumm ist, soll gerade werden,
was bucklig ist, eben.
Und jedes Geschöpf schaue
das rettende Tun Gottes.

Viele Menschen kamen zu Johannes an den Jordan. Sie ließen sich taufen, und sie fragten: Was sollen wir tun?
Johannes sagte: Wer zwei Kleider hat, gebe eines dem, der keines hat. Wer zu essen hat, soll mit den Hungrigen teilen. Zu den Zöllnern sagte er: Verlangt nicht mehr als festgesetzt ist. Und zu den Soldaten: Raubt nicht, erpresst niemand; seid mit eurem Sold zufrieden.
Viele, die Johannes hörten, meinten, er sei der Messias, der Erwartete. Doch Johannes sagte zu ihnen: Ich taufe euch nur mit Wasser. Nach mir kommt einer, der ist mächtiger als ich. Ich bin nicht wert, ihm die Sandalen aufzuschnüren. Er wird euch mit Heiligem Geist taufen.
Auch Jesus kam zu Johannes an den Jordan. Er ließ sich taufen wie die anderen. Dann betete er.
Da öffnete sich der Himmel: Gottes Heiliger Geist kam auf Jesus herab – so wie eine Taube niederschwebt. Vom Himmel her sprach die Stimme: Du bist mein geliebter Sohn. An dir habe ich Gefallen gefunden.
Damals war Jesus ungefähr dreißig Jahre alt.

Jesus wird vom Teufel versucht

Matthäus 4,1–11

Dann wurde Jesus vom Geist in die Wüste geführt; dort sollte er vom Teufel in Versuchung geführt werden.
Als er vierzig Tage und vierzig Nächte gefastet hatte, bekam er Hunger. Da trat der Versucher an ihn heran und sagte: Wenn du Gottes Sohn bist, so befiehl, dass aus diesen Steinen Brot wird.
Er aber antwortete: In der Schrift heißt es: Der Mensch lebt nicht nur von Brot, sondern von jedem Wort, das aus Gottes Mund kommt.
Darauf nahm ihn der Teufel mit sich in die Heilige Stadt, stellte ihn oben auf den Tempel und sagte zu ihm: Wenn du Gottes Sohn bist, so stürz dich hinab, denn es heißt in der Schrift:
Seinen Engeln befiehlt er,
dich auf ihren Händen zu tragen,
damit dein Fuß nicht an einen Stein stößt.
Jesus antwortete ihm: In der Schrift heißt es auch: Du sollst den Herrn, deinen Gott, nicht auf die Probe stellen.
Wieder nahm der Teufel ihn mit sich und führte ihn auf einen sehr hohen Berg. Er zeigte Jesus alle Reiche der Welt mit ihrer Pracht und all ihrem Reichtum und sagte zu ihm: Das alles will ich dir geben, wenn du dich vor mir niederwirfst und mich anbetest.
Da sagte Jesus zu ihm: Weg mit dir, Satan! Denn in der Schrift steht: Vor dem Herrn, deinem Gott, sollst du dich niederwerfen, und ihm allein sollst du dienen.
Darauf ließ der Teufel von ihm ab, und es kamen Engel und dienten ihm.

Die ersten Jünger

Lukas 5,1–11

Als Jesus am Ufer des Sees Gennesaret stand, drängte sich das Volk um ihn und wollte das Wort Gottes hören. Da sah er zwei Boote am Ufer liegen. Die Fischer waren ausgestiegen und wuschen ihre Netze.
Jesus stieg in das Boot, das dem Simon gehörte, und bat ihn, ein Stück weit vom Land wegzufahren. Die Menschen waren enttäuscht, weil sie glaubten, Jesus würde sie nicht beachten und über den See davonfahren. Aber dann sahen sie, was Jesus im Sinn hatte, denn er setzte sich und lehrte das Volk vom Boot aus.
Als er seine Rede beendet hatte, sagte er zu Simon: Fahr hinaus auf den See! Dort werft eure Netze zum Fang aus! Simon antwortete ihm: Meister, wir haben die ganze Nacht gearbeitet und nichts gefangen. Doch wenn du es sagst, werde ich die Netze auswerfen. Das taten sie, und sie fingen eine so große Menge Fische, dass ihre Netze zu reißen drohten. Deshalb winkten sie ihren Gefährten im anderen Boot, sie sollten kommen und ihnen helfen. Sie kamen, und gemeinsam füllten sie beide Boote bis zum Rand, so dass sie fast untergingen. Als Simon Petrus das sah, fiel er Jesus zu Füßen und sagte: Herr, geh weg von mir; ich bin ein Sünder. Und Jesus sagte zu Simon: Fürchte dich nicht! Von jetzt an wirst du Menschen fangen. Und sie zogen die Boote an Land und ließen alles zurück, um Jesus zu folgen.

Jesus stillt den Sturm

Markus 4,35–41

Eines Abends sagte Jesus zu seinen Jüngern: Wir wollen über den See ans andere Ufer fahren. Sie stiegen in das Boot und legten ab. Da brauste mit einem Mal ein mächtiger Sturm über den See. Die Wellen gingen hoch, das Boot füllte sich mit Wasser. Jesus aber schlief hinten im Boot. Die Jünger weckten ihn und riefen: Kümmert es dich nicht, dass wir untergehen?
Da stand Jesus auf. Er drohte dem Wind und sagte zum See: Still! Sei ruhig! Da legte sich der Wind, und es wurde still. Zu den Jüngern aber sagte Jesus: Warum habt ihr Angst? Könnt ihr immer noch nicht vertrauen?
Da fürchteten sich die Jünger. Sie fragen einander: Ist er mehr als ein Mensch? Sogar der Wind und die Wellen gehorchen ihm!

So sollt ihr beten

Matthäus 6, 9–13

Jesus sagte zu seinen Jüngern:
So sollt ihr beten:
Vater unser im Himmel,
geheiligt werde dein Name.
Dein Reich komme,
dein Wille geschehe,
wie im Himmel, so auf Erden.
Unser tägliches Brot gib uns heute.
Und vergib uns unsere Schuld,
wie auch wir vergeben unseren Schuldigern.
Und führe uns nicht in Versuchung,
sondern erlöse uns von dem Bösen.

Die Heilung des Blinden Bartimäus

Lukas 18,35–43

Jesus kam in die Nähe der Stadt Jericho. Dort saß ein blinder Bettler am Straßenrand. Als er merkte, dass viel mehr Menschen als sonst vorbeikamen, fragte er: Was ist denn los? Man sagte ihm, dass Jesus von Nazaret in die Stadt komme. Da begann der Blinde zu rufen: Jesus, Sohn Davids! Hab Erbarmen mit mir!
Die Leute, die vor Jesus hergingen, fuhren ihn an: Schweig! Sei still! Doch er schrie noch lauter: Sohn Davids! Hab Erbarmen mit mir!
Jesus blieb stehen und ließ den Blinden zu sich herbeiholen. Als der vor ihm stand, fragte Jesus: Was willst du? Was soll ich für dich tun? Der Blinde antwortete: Herr, ich möchte sehen können. Jesus sagte: Du kannst sehen. Dein Glaube hat dich geheilt.
Von diesem Augenblick an konnte der Blinde sehen. Er ging mit Jesus und lobte Gott.

Der Einzug in Jerusalem

Markus 11,1–11

Jesus war mit seinen Jüngern unterwegs. Er ging ihnen voran. Sie waren bedrückt und gingen voll Furcht hinter ihm her. Da sagte er zu den Zwölf: Seht, wir ziehen hinauf nach Jerusalem. Dort werde ich den obersten Priestern und Schriftgelehrten ausgeliefert. Sie werden mich zum Tod verurteilen und den Römern ausliefern. Die werden mich verspotten, anspucken, auspeitschen und töten. Doch nach drei Tagen werde ich auferstehen.

Als sie in die Nähe von Jerusalem kamen, schickte Jesus zwei Jünger voraus: Geht in das Dorf. Dort werdet ihr einen jungen Esel finden, auf dem noch niemand geritten ist. Bindet ihn los, und bringt ihn zu mir. Und wenn jemand euch fragt: Was macht ihr da?, dann sagt: Der Herr braucht das Tier; er wird es bald zurückgeben.

Die Zwei gingen in das Dorf. Sie fanden alles so, wie Jesus gesagt hatte. Jesus ritt auf dem Esel nach Jerusalem. Die Leute, die mit ihnen unterwegs waren, breiteten ihre Kleider wie einen Prunkteppich vor ihm aus. Sie brachen Zweige von den Büschen und legten sie auf die Straße. Die vielen, die mit Jesus zogen, riefen laut: Hosanna! Er sei gepriesen. Er kommt im Auftrag Gottes. Gepriesen sei das Reich unseres Vaters David! Jetzt wird es Wirklichkeit. Hosanna in der Höhe!

So zog Jesus in Jerusalem ein.

Das letzte Paschafest

Johannes 13,1–20

Jesus zeigte seinen Jüngern, wie er sie liebt – und wie sie einander lieben sollen.
Nach dem Mahl stand Jesus auf und band sich ein Leinentuch um. Dann füllte er eine Schüssel mit Wasser und begann seinen Jüngern die Füße zu waschen.
Simon Petrus wollte diesen Dienst nicht annehmen. Er protestierte: Du, Herr, willst mir die Füße waschen? Jesus antwortete ihm: Du wirst erst später verstehen, was ich dir heute tue.
Petrus wehrte ab: Niemals darfst du mir die Füße waschen.
Doch Jesus sagte: Wenn ich dir diesen Dienst nicht tue, gehörst du nicht zu mir. Da sagte Petrus: Herr, dann wasch mir nicht nur die Füße, sondern auch die Hände und den Kopf.
Später, als Jesus wieder am Tisch saß, sagte er: Versteht ihr, was ich euch getan habe? Ihr sagt Lehrer zu mir und Herr – und ihr habt Recht damit; ich bin euer Herr und Lehrer. So, wie ich, euer Herr, euch die Füße gewaschen habe, sollt auch ihr einander die Füße waschen. Ich habe euch ein Beispiel gegeben.
Liebt einander! So wie ich euch geliebt habe, sollt ihr einander lieben. Das soll euer Kennzeichen sein: Wenn ihr einander so liebt, wird jeder merken, dass ihr meine Jünger seid.

Die leere Grabkammer

Markus 16,1–8

Als der Sabbat vorüber war, kauften Maria von Magdala, Maria, die Mutter des Jakobus, und Salome Salböl. Sie wollten zum Grab gehen, um Jesu Leib zu salben. In der Morgenfrühe, als eben die Sonne aufging, kamen sie zum Grab. Unterwegs fragten sie einander: Wer wird uns den Stein vom Eingang des Grabes wegwälzen?

Als sie an das Grab kamen, sahen sie, dass der Stein – es war ein großer Stein! – weggewälzt war. Die Frauen gingen in das Grab hinein und sahen auf der rechten Seite einen Mann in weißen Kleidern sitzen. Da erschraken sie sehr. Der Engel aber sagte zu ihnen: Erschreckt nicht! Ihr sucht Jesus von Nazaret, der am Kreuz starb. Er ist nicht hier. Er ist auferstanden. Seht, an dieser Stelle hat sein Leib gelegen. Kehrt um, und sagt seinen Jüngern – besonders dem Petrus, – dass er euch vorausgeht nach Galiläa. Dort werdet ihr ihn sehen, so wie er euch gesagt hat.

Da wandten sich die Frauen um und flohen voll Angst und Schrecken – weg vom Grab.

An demselben Tag waren zwei Jünger unterwegs. Sie gingen von Jerusalem nach Emmaus. Sie sprachen über alles, was sie in Jerusalem erlebt hatten. Da kam Jesus und ging mit ihnen. Doch die beiden erkannten ihn nicht. Er fragte sie: Was redet ihr miteinander? Die beiden blieben traurig stehen. Einer von ihnen, es war Kleopas, fragte: Weißt du wirklich nicht, was in Jerusalem geschehen ist? Der Fremde entgegnete: Was meinst du denn?

Die beiden Jünger berichteten. ... Da sagte der Fremde zu den beiden Jüngern: Versteht ihr nicht, was geschieht? Der Messias, der Retter, musste all dies erleiden; darum gibt Gott ihm Würde, Macht und Leben. Und er erklärte ihnen, was in den Heiligen Schriften über den Messias, den Retter, geschrieben steht.

Schließlich kamen die drei Wanderer in das Dorf Emmaus. Jesus wandte sich ab, als wollte er weitergehen. Da drängten ihn die beiden: Bleib doch bei uns! Es wird ja schon Abend. Der Tag geht zu Ende. Jesus ging mit ihnen in das Haus und blieb bei ihnen. Später, als er mit ihnen am Tisch saß, nahm er das Brot. Er sprach das Dankgebet, brach das Brot und gab es ihnen. Da gingen den beiden die Augen auf, und sie erkannten den Herrn.

Der Autor

Sascha Wuillemet, geboren 1971 in Ratingen, veröffentlichte bereits mit 18 Jahren erste Karikaturen. Danach illustrierte er Kinder- und Fachbücher. Seit 1995 arbeitet er freischaffend. Er verbrachte seine Schulzeit bei den Regensburger Domspatzen, absolvierte eine Schreinerlehre und machte eine Ausbildung zum Fotografen.

Haftungsausschluss

Die Inhalte dieses Buches sind sorgfältig recherchiert und erarbeitet worden. Dennoch kann weder der Autor noch der Verlag für die Angaben in diesem Buch eine Haftung übernehmen.

Impressum

Für dieses Buch wurden Texte entnommen aus: *Eleonore Beck/Margret Bernard-Kress*: Die Bibel für Kinder. © 2000 Verlag Butzon & Bercker. Kevelaer, ISBN 3-7666-0303-5. Wir danken der Autorin und dem Verlag für die freundliche Genehmigung zum Abdruck ihrer Texte. Die Texte auf den Seiten 21, 35 und 37 folgen dem Bibeltext nach der Einheitsübersetzung.

Weltbild Buchverlag
–Originalausgaben–

Projektleitung: Dr. Ulrike Strerath-Bolz
Umschlaggestaltung: X-Design, München
Layout und Satz: Anke Kiederle
Reproduktion: Point-of-Media, Augsburg
Druck und Bindung: Offizin Andersen Nexö Leipzig GmbH – ein Unternehmen der Union Verwaltungsgesellschaft, Spenglerallee 26–30, 04442 Zwenkau

Gedruckt auf chlorfrei gebleichtem Papier

Printed in Germany

ISBN 3-89604-885-6